⑫ 최강 변신왕, 암석맨

비룡소

신기한 스쿨버스

최강 변신왕, 암석맨

서맨사 브룩 글 · 아트풀 두들러스 그림 | 이한음 옮김

내가 뭘로 변신할지 기대해도 좋아.

*초등 교과 연계
과학 4-1 지층과 화석, 과학 4-2 화산과 지진

프리즐 선생님의 동생이 우리 반 담임 선생님이 됐어요.
새로 오신 프리즐 선생님도 다른 선생님들과는 달라요.
우리를 데리고 신기한 과학 현장 학습을 다니거든요.
신기한 스쿨버스를 타고서요.
스쿨버스는 마음대로 모습을 바꾸고, 어디로든 갈 수 있어요.
오늘은 우리를 또 어디로 데려갈까요?

오늘 우리 반은 타임캡슐을 만들고 있어요.
각자 자신에게 특별한 의미가 있는 물건을 그 안에 넣을 거예요. 그런 다음 땅에 묻을 거고요.
훗날 새로운 반 아이들이 타임캡슐을 파내고, 거기에 어떤 놀라운 물건들이 들어 있는지 살펴보겠죠.

키샤는 팔찌를 넣고, 도로시 앤은 연구 자료를 넣을 생각이래요.

팀은 만화를 그려서 넣고 싶지만, 마땅한 이야기가 떠오르지 않나 봐요.

"나는 날씨맨 만화책을 넣을 거야." 랠프가 말했어요.
그러자 아널드가 외쳤어요.
"난 암석맨 포스터를 넣겠어."
두 사람은 누가 더 강한 슈퍼히어로인지를 놓고 말싸움을 벌였어요.
"감 잡았어! 두 슈퍼히어로의 싸움을 만화로 그릴 거야."
두 사람을 지켜보던 팀이 말했죠.

팀은 곰곰이 생각했어요.
"근데 이야기를 어떻게 시작하지?"
그때 새 프리즐 선생님이 슈퍼히어로 옷차림을 하고 교실로 들어왔어요.
"일단 움직이는 거예요. 여러분, 모두 버스로 가요!"
프리즐 선생님이 외쳤어요.

신기한 스쿨버스가 흔들흔들 빙그르르 돌더니 신기한 스쿨 헬리콥터로 변신해 날아갔어요.

"다 왔어요, 아이슬란드예요. 여기에서 암석과 날씨의 진짜 싸움을 볼 수 있답니다!" 프리즐 선생님이 말했어요.

그러자 팀이 신나서 말했어요.

"흠, 내 슈퍼히어로 만화에 쓸 아이디어를 얻을 수 있겠는데."

자주 저래요. 금방 화해할 테니 걱정 마세요.

"이 산은 단단한 **화성암**으로 되어 있어. 절대 부수지 못해."

아널드가 말하자, 랠프가 대꾸했어요.

"날씨의 힘이라면 할 수 있지."

"어림없어!" 아널드가 고개를 저었어요.

두 친구는 암석과 날씨 중 누가 더 센지를 놓고 계속 티격태격했어요.

"이제 어떻게 이야기를 시작해야 할지 알겠어." 팀이 말했어요.

팀은 암석 모양의 주인공을 그려 만화를 시작했어요.

"나는 암석맨이다. 화성암으로 만들어졌지. 그 무엇도 나를 부술 수 없어!"

암석으로 된 슈퍼히어로는 꼭 아널드처럼 안경을 쓰고 있었어요.

"나는 날씨맨이야. 널 부숴 버리겠어!"
또 다른 주인공 날씨맨이 말했어요.
이 슈퍼히어로는 마치 랠프처럼 모자를 쓰고 있었죠.
날씨맨은 암석맨을 바람과 번개로 공격했지만, 암석맨은 끄떡도 하지 않았어요.
"너는 내 상대가 안 된다는 걸 알고 있었어."
암석맨은 껄껄 웃었어요.

고작 그 정도로 덤비다니 우습군. 으하하!

내 필살기 초강력 바람 공격이 안 통하다니…….

팀은 카를로스처럼 생긴 새 등장인물을 그려 넣었어요.
그리고 다시 만화 이야기를 이어 갔지요.
"물보이랑 힘을 합치면 널 이길 수 있어!"
날씨맨이 말했어요.
"물보이는 내게 상대도 안 돼!"
암석맨이 소리쳤지요.
물보이와 날씨맨은 온 힘을 다해서 암석맨을 공격했어요.
이윽고 암석맨의 몸에 금이 갔어요.

팀의 만화 이야기는 여기서 잠시 끊겼어요.
"이 싸움은 몇 세기가 걸릴 수도 있어요."
프리즐 선생님이 끼어들었어요.
"수백 년이나 걸린다고요?" 랠프가 깜짝 놀라 물었어요.
"지금은 싸움이 잠잠해져서 열기가 차갑게 식어 갈 때이니까요."
프리즐 선생님이 말했죠.
"얼음처럼 차갑게 식어 간다고요? 재미있는 이야기네요."
팀이 눈을 반짝이며 대답했어요.

팀은 다시 만화 이야기를 엮기 시작했어요.

겨울마다 물보이는 암석맨의 틈새를 물로 채웠어요.

물은 얼어서 얼음이 될 때, **팽창**하면서 바위 틈새를 더 벌리거든요.

마침내 암석의 틈새가 벌어지면서 암석맨이 우르르 붕괴했어요. 부서진 암석 조각들은 강으로 흘러들었지요.
"와, 내가 암석맨을 이긴 것 같아!"
날씨맨이 외쳤어요.

아무리 단단해도 넌 바위일 뿐이야!

으아, 분하다!

"여기서 만화는 끝!" 팀이 외쳤어요.

그러자 프리즐 선생님이 말했어요.

"만화를 너무 급하게 끝내지 말렴. 싸움은 아직 끝나지 않았으니까."

"부서진 암석 조각들에서 어떤 일이 벌어질 수도 있지 않을까요?" 아널드가 물었어요.

"바로 그거야!" 프리즐 선생님이 말했지요.

그러고는 신기한 스쿨버스의 버튼을 꾹 눌렀어요.

우당탕! 우리는 모두 신기한 스쿨 바위들로 변해서 산비탈로 굴러떨어지기 시작했어요.
"자동차로 울퉁불퉁한 도로를 달리는 것 같아!"
카를로스가 말했어요.
이윽고 노란 바위들은 강에 빠지고 말았어요. 풍덩!
하지만 모험은 아직 끝나지 않았죠.
"윽, 나 토할 것 같아." 아널드가 앓는 소리를 냈어요.
바위가 된 우리는 강물에 떠내려가면서 물살에 깎여 갔어요. **침식**되어 점점 작아졌지요.

우리는 해안으로 밀려 올라온 뒤에 원래 모습으로 돌아왔어요.

"여러분은 **쇄설암**으로 변했던 거예요."

프리즐 선생님이 말했어요.

"내가 조사한 바에 따르면, 쇄설암은 암석 부스러기가 뭉치고 쌓여서 생겨." 도로시 앤이 설명해 주었죠.

"팀, 그럼 이제 어떻게 되는 거야?" 카를로스가 물었어요.

팀은 다시 만화 이야기를 짜기 시작했어요.
물보이는 암석맨을 돕기로 마음을 바꾸었어요.
"너를 부서뜨려서 미안해. 내가 널 다시 붙일 수도 있지 않을까?"
물보이가 암석맨에게 물었어요.

부서진 암석맨을 붙이려면 특수한 접착제가 필요했어요. 물보이는 땅속 광물과 물을 섞어 부서진 암석맨에게 쏘았어요. 그러자 암석맨의 쇄설암들이 천천히 층층이 쌓여 가면서 붙기 시작했어요.

"으하하! 다시 돌아왔다. 이제 난 암석 조각들이 운반되며 생긴 **퇴적암**이라고!"
암석맨이 크게 웃으며 환호했어요.
"이건 말도 안 돼!" 날씨맨이 소리쳤지요.
"내가 이겼어!" 암석맨이 의기양양하게 외쳤어요.

갑자기 도로시 앤이 팀의 만화 이야기에 끼어들었어요.
"그렇게 끝내서는 안 돼! 만화에 남자만 나오잖아."
"어휴, **열**과 **압력**을 마구마구 받는 기분이야."
팀이 말했어요.
"그래 맞아! 이제 곧 열과 압력이 나온단다."
프리즐 선생님이 팀의 말에 반갑게 맞장구쳤어요.

멋진 여자 영웅도 있을 수 있잖아?

얍! 열과 압력 공격이 어떠냐?

팀은 고개를 끄덕이더니 다시 만화 이야기를 썼어요.
도로시 앤, 완다, 키샤와 닮은 새로운 등장인물들을 쓱쓱 그렸지요.
시간이 흐르면서 암석맨은 땅속 깊숙이 밀려들어 갔어요.
한 명은 불로 암석맨을 뜨겁게 데웠어요.
다른 두 명은 압력으로 암석맨을 꽉꽉 짓눌렀고요.
이 싸움은 100만 년 동안 계속됐어요.
팀의 만화는 이렇게 끝나는 걸까요?

그럴 리 없죠! 팀은 계속해서 만화를 써 내려갔어요.
아주 긴 시간이 지난 뒤, 암석맨은 땅 위로 솟구쳤어요.
암석맨은 이제 높은 열과 압력을 받아 이루어진 **변성암**이 되었어요.
"너희는 나를 바꿀 수는 있지만, 이길 수는 없어!"
암석맨이 어깨를 쭉 펴고 외쳤어요.

하하, 열과 압력에도 난 끄떡없다고!

팀의 만화 이야기를 듣던 랠프가 소리쳤어요.
"무슨 소리! 암석맨이 이길 순 없어. 날씨맨이 더 세다고!"
"그리고 내가 등장하기 전까지는 이야기를 끝낼 수 없어!" 조티도 거들고 나섰죠.
"으으, 내 머리가 폭발할 것 같아!" 팀이 외쳤어요.
그때 프리즐 선생님이 말했어요.
"좋아요, 폭발이 일어나는 곳으로 가요."

폭발이 일어나는 곳이 어딜까요?

프리즐 선생님이 버튼을 누르자, 스쿨버스가 흔들흔들 빙그르르 돌더니 화산 속으로 쏙 들어갔어요.

"저 뜨거운 마그마를 봐요! **마그마**는 암석이 녹은 물질이에요." 프리즐 선생님이 말했어요.

"어, 뭔가 아이디어가 뜨겁게 솟구치는 것 같아요!"

팀이 호들갑스레 외치더니 다시 만화를 이어 갔어요.

긴 세월이 흐르면서 암석맨은 땅속으로 밀려들어 갔어요.
그래서 팀은 암석맨과 싸울 새 등장인물을 그렸어요.
꼭 조티처럼 생겼지요.
"넌 이제 진짜 강적을 만난 거야. 널 녹여 버리겠어!"
조티는 암석맨을 녹여서 마그마로 만들었어요.

으아아악!
더는 못 버티겠어!

그런데 땅의 틈새로 무언가 솟아올랐어요.
바로 암석맨이었어요! 이번엔 마그마가 되어 있었죠.
"내가 돌아왔다! 이제 나를 마그마맨이라고 불러다오!
식자마자 또다시 새로운 종류의 암석이 될 거야."

"하하, 이제 식었군. 나를 다시 암석맨이라고 불러도 돼.
처음 등장할 때와 똑같은 화성암이야."
암석맨이 위풍당당하게 말했어요.
"안 되애애애!" 날씨맨이 소리를 질렀지요.
결국 최종 승리자는 암석맨이에요!

팀은 완성된 만화를 보여 주었어요.
"진짜 최고야!" 모두들 환호했어요.
"암석맨을 바꿀 수는 있지만, 이길 수는 없어."
아널드가 말했어요.
"그걸 **암석의 순환**이라고 해요."
프리즐 선생님이 설명했지요.
"화성암에서 퇴적암과 변성암을 거쳐서 다시 화성암으로 돌아가지요. 암석은 환경에 따라 끊임없이 돌고 돈답니다."

신기한 스쿨버스가 학교로 돌아왔어요.
팀은 만화책을 타임캡슐에 넣었어요.
"모든 암석에는 나름의 이야기가 담겨 있어. 끝없는 이야기지." 팀이 말했어요.
"결코 암석을 이길 수는 없다고 말했잖아!"
아널드가 으쓱했어요.

과학탐험대

신기한 스쿨버스™

꽁꽁, 빙하 속 지구의 비밀을 밝혀라!

서맨사 브룩 글 · 아트풀 두들러스 그림 | 이한음 옮김

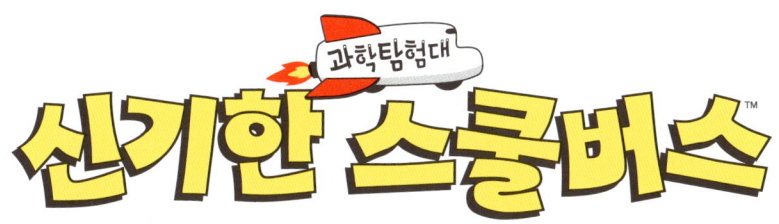

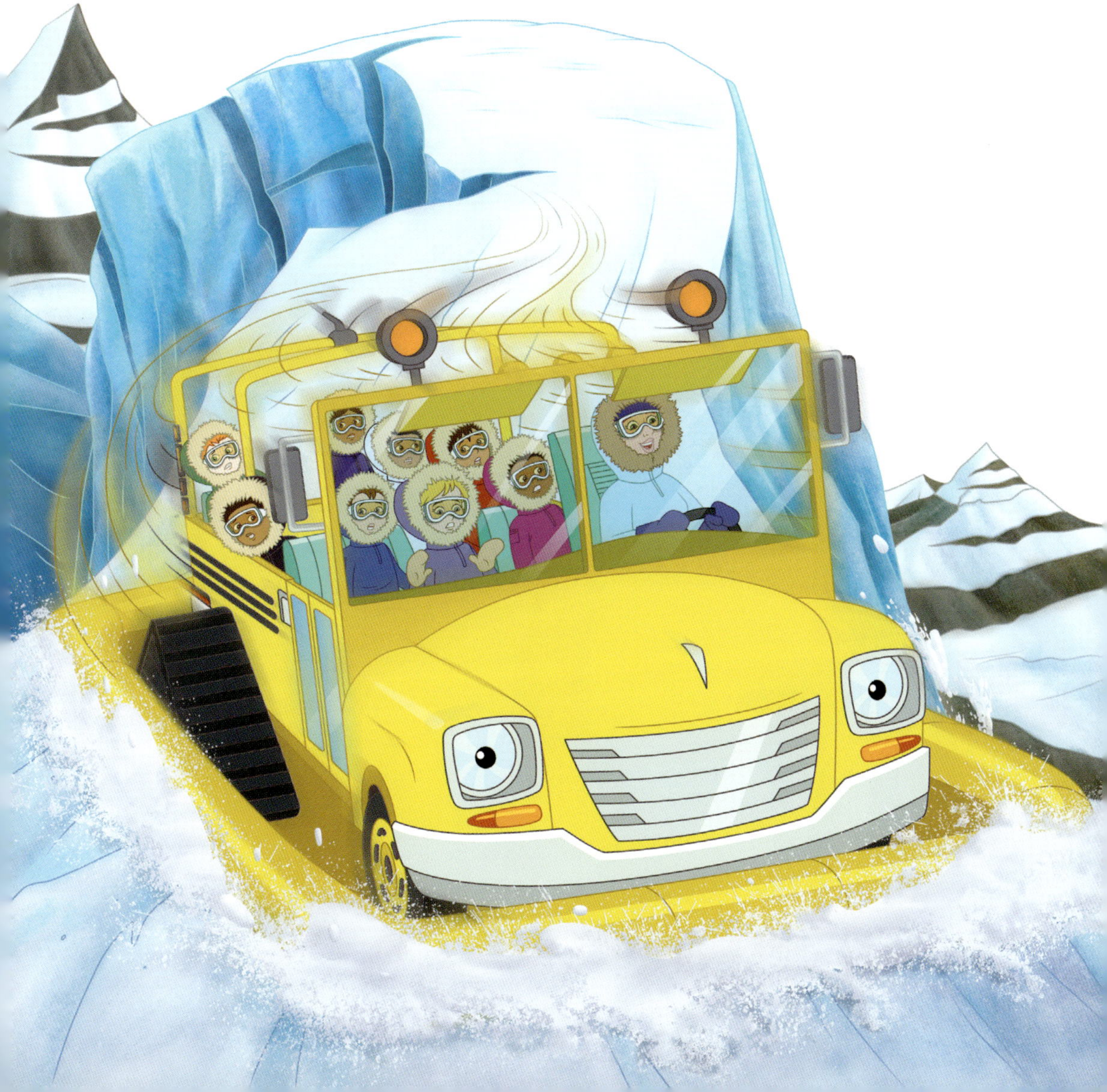

*초등 교과 연계
과학 3-1 지구의 모습, 과학 6-1 3. 여러 가지 기체

프리즐 선생님 수업은 재미있어요.
다른 선생님들과는 정말 달라요.
엉뚱하고 놀라운 과학 현장 학습을 다니거든요.
신기한 스쿨버스를 타고서 말이에요!
스쿨버스는 마음대로 모습을 바꾸고, 어디로든 갈 수 있어요.
오늘은 우리를 또 어디로 데려갈까요?

도로시 앤이 교실 앞에서 발표 연습을 하고 있었어요.

사실 도로시 앤의 발표에는 자료와 숫자가 너무 많이 나와 어려워 보였어요. 친구들은 지루한 표정이었죠.

도로시 앤은 내일 학교 축제에서 이 내용을 발표할 예정이래요.

"재미있는 이야기를 들려주지 않으면, 사람들이 귀 기울여 듣지 않겠지?"

도로시 앤은 한숨을 쉬었어요.

그때 프리즐 선생님이 짠 하고 나타나서 말했어요.
"멋진 이야기라면 사람들에게 감동을 줘야겠지? 세상을 바꿀 만큼 멋진 이야기가 좋겠다."
"그런 이야기를 하면 사람들이 정말 좋아하겠죠!"
도로시 앤이 대답했어요.
"그럼 얼음을 조사하면서 멋진 이야기를 찾으러 가는 거야!"
프리즐 선생님이 외쳤지요.

신기한 스쿨버스가 신기한 스쿨 비행기로 변했어요.
프리즐 선생님과 우리는 스쿨 비행기를 타고 날아올랐죠.
"와, 저 **빙하** 좀 봐!" 카를로스가 소리쳤어요.
"빙하가 뭐야?" 팀이 물었어요.
"수백, 수천 년 동안 쌓인 눈이 얼음덩어리로 변한 거야.
꼭 얼음 강처럼 생겨서 천천히 움직이지."
도로시 앤이 설명해 주었어요.

혹시 우리가 빙하가 되는 건 아니겠지?

"더 가까이 가서 볼까요?"

프리즐 선생님이 스쿨 비행기의 방향을 돌렸어요.

"우아!"

모두들 깜짝 놀라 소리쳤지요.

우리는 눈송이로 변해서 땅으로 떨어지기 시작했어요.

"나는 이렇게 떨어지기 싫다고!"

눈송이처럼 얼굴이 하얗게 질린 아널드가 소리 질렀어요.

그냥 떨어진 게 아니라 다행이야.

우리가 빙하에 내려앉자, 그 위에 신기한 스쿨버스가 내려와 앉았어요.
"꼭 아이스크림 샌드위치가 된 것 같아."
카를로스가 말했어요.
"빙하가 바로 그런 식으로 생기는 거예요! 눈, 얼음, 거기에 달라붙은 먼지 같은 것들이 계속 층층이 쌓이지요."
프리즐 선생님이 설명했어요.

"지구의 빙하를 만드는 데 눈송이가 몇 개나 들어갔을까요? 선생님, 버스에 있는 계산기를 써도 돼요?"

도로시 앤이 물었어요.

"안 돼. 그러면 버스의 연료가 부족해질 거야. 남은 연료를 써서 빙하에 올라야 한단다."

프리즐 선생님이 대답했지요.

"선생님, 꼭 계산해 보고 싶어요."

도로시 앤이 간절히 부탁했어요.

프리즐 선생님이 고개를 끄덕였어요. 그런데 도로시 앤이 계산기를 쓰자마자 버스의 연료가 바닥이 나고 말았어요!

움직이던 바퀴가 갑자기 멈췄죠.

어어, 버스가 빙하를 따라 미끄러져 내려가기 시작했어요! 스르륵스르륵.

"으아아악!" 모두가 비명을 질렀어요.

버스는 마구 미끄러져 내려갔어요.
이윽고 버스가 멈추자 그 안에는
도로시 앤과 프리즐 선생님만
남아 있었어요.
"애들아, 어디 있어?"
도로시 앤이 소리쳤어요.
"친구들을 찾아 보자."
프리즐 선생님이 말했지요.

프리즐 선생님은 무전기로 랠프, 카를로스와 통화했어요.
"13만 년 전으로 온 것을 환영해!"
"우리가 과거로 시간 여행을 한 거예요?"
랠프가 묻자, 프리즐 선생님이 설명했어요.
"아니. 얼음 속에는 13만 년 전의 공기 방울도 갇혀 있거든. 그런 공기 방울은 아주 흥미로운 이야기를 들려줄 수 있어."

갑자기 여기저기에서 마법의 공기 방울들이 부풀어 올랐어요.

공기 방울은 랠프와 카를로스를 13만 년 전으로 데리고 갔어요.

"우아, 우리가 원시인이 되었어. 저기 검치호랑이도 있네. 멋진데!"

랠프가 신이 나서 말하자, 카를로스가 외쳤어요.

"속 편한 소리 그만해. 저 호랑이 무지 배고픈 것 같다고! 뛰어!"

왜 먹잇감 보듯이 날 보는 거야?

저쪽으로 뛰어!

다행히 두 사람의 모험은 거기에서 끝났어요.

"얼음에서 얻은 이 데이터를 봐! 13만 년 전의 **기온**도 알 수 있어."

도로시 앤이 흥분해서 말했어요.

한편 얼음 속 공기 방울은 조티와 아널드를 2만 년 전으로 데려갔어요. 거기에는 한 원시인 아저씨가 있었어요.
"이 분은 지구 반대편에서 여기까지 걸어왔대. 바다의 높이가 아주 낮아졌대."
원시인 아저씨와 얘기하던 조티가 말했어요.
"먹을 게 있는지나 물어봐 줄래? 어디를 가도 여기보다는 나을 거야." 아널드가 투덜거렸어요.

조티와 아널드도 곧 현재로 돌아왔어요. 도로시 앤이 2만 년 전의 공기 방울을 검사했지요.

"두 시대의 기온이 거의 변하지 않았어. 그 뒤에는 어떻게 되었을까?"

　우리는 얼음 속 공기 방울을 타고 팀을 찾으러 1800년으로 갔어요.
　도로시 앤은 또다시 그 시대의 공기를 검사했어요.
　"2만 년 전보다 그리 따뜻해지지 않았어. 진짜 놀라워!"
　도로시 앤이 화들짝 놀라며 말했어요.
　그때 카를로스가 다급하게 말했죠.
　"너무 위험해 보여. 화산이 터지기 전에 여기서 나가야 해!"

우리는 키샤를 찾아서 얼음 속 공기 방울을 타고 1970년으로 갔어요.

"이곳에는 검치호랑이가 없어. 그냥 자동차, 공장, 별난 옷차림뿐이야."

키샤가 다행스럽다는 듯 말했어요.

도로시 앤은 기온을 확인하느라 바빴어요.

"너무 이상해! 지난 170년 사이에 기온이 엄청나게 올랐어."

도로시 앤은 태블릿을 보며 걱정스러운 표정을 지었어요.

마침내 우리는 얼음 속 공기 방울을 타고서 현재로 돌아왔어요. 완다가 빙하에 앉아 기다리고 있었지요.
"1970년보다 지금이 더 따뜻하다는 데이터가 나올까?"
도로시 앤이 궁금증 가득한 표정으로 말했죠.
"도로시 앤, 거기 조심해. 빙하가 녹고 있는 것 같아."
완다가 도로시 앤을 끌어당겼어요.

우지끈! 갑자기 얼음이 부서지면서 완다가 아래로 떨어졌어요!

"잡아!" 도로시 앤이 외치면서 밧줄을 던졌지만, 힘이 약해서 완다를 끌어올리지 못했어요.
"선생님, 도와주세요!" 도로시 앤이 소리쳤어요.

"큰일 날 뻔했어. 다들 고마워."

스쿨버스는 재빨리 완다를 안전하게 끌어올렸어요.
"어, 내 태블릿이 어디 갔지? 지금까지 모은 데이터가 다 담겨 있는데? 그게 없으면 이야기를 할 수 없어!"
도로시 앤은 여기저기 둘러보았지만 태블릿을 찾을 수 없었어요.

"맙소사, 태블릿이 없으면 발표는 어떡하지?"

"도로시 앤, 미안하지만 돌아갈 시간이란다."
프리즐 선생님이 말했어요.
"하지만 제 이야기가 얼음에 갇혔어요."
"그러면 과학자들이 하듯이 얼음을 가져가는 건 어떨까? 빙하에 구멍을 뚫어서 시대별 데이터를 담은 얼음을 분석하는 거야."
프리즐 선생님의 말씀에 도로시 앤은 고개를 끄덕였어요.

학교로 돌아오니, 축제가 시작되기 직전이었어요.

도로시 앤의 부모님과 친구들을 비롯해서 많은 사람이 와 있었지요.

도로시 앤이 무대에 섰어요.

"제 이야기에 모두 놀라실 거예요."

도로시 앤이 이야기를 시작하자, 완다가 옆자리 친구에게 속삭였어요.

"이번에는 도로시 앤이 숫자를 덜 말했으면 좋겠어."

"13만 년 전의 지구는 어땠을까요? 빙하에서 캐낸 이 얼음이 말해 줄 거예요. 스쿨버스야, 부탁해!"

도로시 앤이 말하자, 신기한 스쿨버스가 영상을 띄웠어요. 사람들이 모두 영상이 나오는 쪽을 바라보았지요.

"와, 진짜 같은데?"

"오래전에 매머드와 검치호랑이가 살았어요. 그땐 날씨가 지금보다 따뜻했고, 바닷물이 더 많았지요."
도로시 앤은 차분하게 이야기를 시작했어요.

"그러다가 2만 년 전, 지구 기온이 점점 떨어지면서 여기저기 얼음이 얼기 시작했어요. 얼음이 많아지면서 바닷물은 점점 줄어들었지요. 수천 년 동안 그런 상태가 이어졌어요."

사람들이 도로시 앤의 발표에 점점 더 집중했어요.

 "약 200년 전부터 우리는 공장에서 자동차 같은 편리한 것들을 만들기 시작했어요. 비행기도 등장했지요. 하지만 그런 멋진 것들을 만들고 이용할 때 **메테인과 이산화탄소** 같은 온실가스가 공중으로 뿜어졌어요."

 도로시 앤은 사람들을 바라보며 또박또박 말을 이어 갔어요.

 "온실가스는 지구 밖으로 빠져나가야 할 태양의 열을 가두었어요. 그래서 지구의 기온이 점점 올라갔지요. 얼음이 녹으면서 바닷물도 더 늘어났고요. 지난 10만 년 동안보다 최근 200년 사이에 기온이 더 많이 변했어요."
 도로시 앤이 걱정스러운 표정으로 말했어요.
 사람들은 도로시 앤의 다음 이야기를 기다렸어요.

"이런 일이 계속되면 지구는 계속 더워질 거예요. 큰비가 내리고, **홍수**가 일어나는 곳이 생길 거예요. 땅이 뜨겁고 메말라서 작물을 기르거나 동식물이 살기 어려운 곳도 생길 거고요."

도로시 앤은 말을 잠시 멈추었어요. 이윽고 다시 말하기 시작했지요.

"하지만 이 이야기는 이렇게 절망적으로 끝나지 않아요."

도로시 앤이 크게 심호흡을 하고 말했어요.
"지구의 기온이 높아지는 걸 막으려면, 우리 모두가 할 수 있는 일이 있어요! 온실가스를 뿜어내는 활동을 덜 하는 것이지요. 우리 같은 아이들도 할 수 있어요. 자동차를 타는 대신 걷거나 자전거를 타면 도움이 돼요. 사용하지 않을 때는 전등과 컴퓨터를 끄고, 환경을 위해 나무를 심는 것도 도움이 되지요."

"계속 녹고 있는 세계 곳곳의 빙하 소식을 많은 사람에게 알릴 수도 있어요. 모두 힘을 모으면 이 이야기를 행복하게 끝낼 수 있을 거예요. 우리 모두가 행복한 쪽으로요."

도로시 앤이 이야기를 마쳤어요. 사람들은 힘차게 박수를 쳤지요.

도로시 앤이 정확한 사실이 가득 담겨 있으면서, 감동을 주는 멋진 이야기로 사람들을 놀라게 한 거예요!

순간 포착! 신기한 현장 학습

현장 학습의 하이라이트를 다시 보며 핵심 지식을 정리해 보아요.
자, 아래의 장면을 떠올려 볼까요?

Q. 암석이 뭐예요?

우리가 발을 딛고 서 있는 땅은 지구의 가장 바깥쪽에 있는 층인 '지각'이에요. 암석은 지각을 이루고 있는 단단한 물질이에요. 흔히 '돌'이라고도 부르죠. 우리 주변의 바위, 돌 모두 암석에서 떨어져 나온 것들이에요.

마그마가 식어서 굳으면 화성암이라는 **암석**이 만들어져요.

화성암은 시간이 흐르면서 자갈, 모래, 진흙 같은 알갱이로 부서져.

화성암이 오랫동안 물과 날씨의 영향을 받으면 부서지지요.

죽은 생물들이 쌓여 퇴적암이 되기도 해. 쇄설암은 퇴적암의 한 종류야.

부서진 화성암 조각이 층층이 쌓여 굳으면 **퇴적암**이 돼요.

> 암석이 땅속에서 열과 압력을 받아 성질이 변하는 것을 '변성 작용'이라고 해.

그러다 암석이 땅속으로 들어가 열과 압력을 받으면 **변성암**으로 성질이 바뀌어요.

> 뜨거운 용광로에서 쇠가 녹듯, 암석도 뜨거운 열을 받으면 녹는다는 사실!

계속 더 높은 열을 받아 녹으면 마그마가 되죠.

> 마그마가 식는 속도에 따라 화성암의 모양도 달라져.

마그마가 식으면 다시 화성암이 되고요. 이렇게 **암석은 계속 순환**한답니다!

Q. 암석이 끊임없이 돌고 돈다고요?

암석은 물, 햇빛, 공기 등 주변 환경에 따라 계속 모습이 바뀌어요. 오랜 세월에 걸쳐 끊임없이 다른 암석으로 변화하지요. 이렇게 암석이 계속해 다른 종류의 암석으로 변하는 것을 '암석의 순환'이라고 해요.

프리즐 선생님의 연구 노트

★ 지구의 역사를 담고 있는 빙하!

빙하가 뭘까?

빙하는 수백, 수천 년 동안 쌓인 눈이 얼음덩어리로 변한 거예요. 지구에 있는 물 중에서 약 97퍼센트는 바닷물이에요. 나머지는 빙하, 지하수, 강과 호수 등에 있는 물이지요. 육지에 있는 물 중에서 대부분은 빙하예요. 얼음도 물이니까요! 빙하는 제자리에 멈춰 있지 않고 조금씩 움직인답니다.

빙하는 남극이나 북극에만 있을까?

많은 친구들이 빙하는 남극이나 북극 같은 추운 지방에만 있을 거라고 생각하지만, 그보다 기온이 높은 아프리카나 남아메리카의 산속에도 빙하가 있어요. 물론 이것들은 남극이나 북극에 있는 빙하에 비하면 아주 적은 양이지만요.

빙하로 무엇을 알 수 있을까?

눈이 켜켜이 쌓이고 다져져 빙하가 될 때, 그 속에 공기나 먼지 같은 것도 들어가게 돼요. 그래서 빙하를 분석하면 당시 지구의 기온은 어땠는지, 언제 산불이나 화산 폭발 같은 일이 일어났는지도 알 수 있죠. 이러한 과거 기후 변화를 통해 미래의 변화를 예측할 수도 있고요!

(참고: 극지연구소 유튜브)

킁킁, 나랑 바다 탐험하러 갈래?

북극의 빙하가 녹은 탓에, 북극곰이 남은 얼음을 따라 좁은 길을 걷고 있어요. 빙하가 녹으면 바닷물의 높이가 높아져서 육지까지 물이 차오르게 돼요. 사람과 동식물이 함께 살 공간이 줄어들지요.

공장이나 자동차에서 내뿜는 매연뿐 아니라, 일상에서도 지구의 기온을 높이는 오염 물질이 나와요. 이런 물질을 '온실가스'라고 불러요. 난방을 할 때, 요리를 할 때, 조명을 켜고, 기계를 움직일 때에도 온실가스가 나오지요.

지구 온난화를 막기 위해 지구에 있는 모든 사람들이 힘을 합쳐야 해요. 그래서 현재 세계 여러 나라에서는 온실가스를 줄이기 위한 목표를 세워 실천하고, 잘 지키고 있는지 서로 감시하고 독려하고 있어요.

(사진 출처: 위, 아래_ 연합 뉴스. 가운데_ 위키피디아)

스페셜 과학 톡톡

 얘들아, 슈퍼히어로 만화 2탄을 구상 중인데 너희들 도움이 필요해.

 오, 주제가 뭔데?

 우주 최강 암석맨의 탄생을 담을 거야. 먼저 암석맨이 어떻게 만들어졌는지 조사부터 해야 해.

 내 연구에 따르면 암석은 '광물'이라고 하는 알갱이들로 이루어져 있어. 광물은 철, 금, 은과 같이 자연에서 나는 물질이야. 한마디로 암석맨은 자연이 만든 거라고 할 수 있지.

 새로운 이야기여야 재밌지 않겠어? 온실가스와 싸우는 암석맨은 어때? 온실가스맨은 아널드가 하는 거야. 암석맨은 나고.

난 그런 거 안 해.

 으하하. 전자 제품 사용하지 않을 땐 콘센트 뽑기, 분리배출 잘하기, 대중교통 이용하기 같은 방법으로 아널드를 물리치는 내용이야?

 신기한 스쿨버스 타고 현장 학습 한번 더 갈래? 만화를 만드는 데 도움이 될 거야!

진짜 그런 만화를 만들 작정이야?

도전! 과학 퀴즈

아래의 초성과 설명을 보고 문제의 정답을 써 보세요.

힌트! 도로시 앤이 연구할 때 필요한 자료예요.

ㄷㅇㅌ는 관찰이나 실험을 통해 얻은 사실, 정보를 말해요.
어떤 이론을 세울 때 필요한 자료이기도 하지요.

정답: _____

약 200년 전부터 크게 늘어 지구를 병들게 하고 있어요.

ㅇㅅㅎ ㅌㅅ는 공기 중에 있는 기체 중 하나예요.
지구로 들어온 열 중 일부를 빠져나가지 못하게 막아,
지구의 기온을 높여요.

정답: _____

정답: 데이터, 이산화 탄소

글쓴이 서맨사 브룩
미국 뉴욕 브루클린에 살고 있는 동화 작가입니다. 「과학탐험대 신기한 스쿨버스」 시리즈 등
어린이를 위한 책을 쓰고 있습니다.

그린이 아트풀 두들러스
어린이 출판 전문 일러스트레이션 및 디자인 스튜디오입니다. 여러 아티스트가 모여
「과학탐험대 신기한 스쿨버스」, 「디즈니 오리지널 그래픽 노블」 시리즈 등
전 세계 어린이를 위한 그림을 그리고 있습니다.

옮긴이 이한음
서울대학교에서 생물학을 공부했고, 현재 과학책을 쓰고 번역하고 있습니다.
지은 책으로는 『바스커빌 가의 개와 추리 좀 하는 친구들』, 『생명의 마법사 유전자』 등이 있고,
옮긴 책으로는 「자연 다큐 백과」 시리즈, 『경이로운 동물들』, 『빠르게 보는 우주의 역사』 등이 있습니다.

⑫ 최강 변신왕, 암석맨

1판 1쇄 찍음—2022년 12월 16일, 1판 1쇄 펴냄—2023년 1월 5일
글쓴이 서맨사 브룩 그린이 아트풀 두들러스 옮긴이 이한음 펴낸이 박상희 편집장 전지선 편집 송재형 디자인 전유진
펴낸곳 ㈜비룡소 출판등록 1994. 3. 17.(제16-849호) 주소 06027 서울시 강남구 도산대로1길 62 강남출판문화센터 4층
전화 영업 02)515-2000 팩스 02)515-2007 홈페이지 www.bir.co.kr
제품명 어린이용 각양장 도서 제조자명 ㈜비룡소 제조국명 대한민국 사용연령 3세 이상

THE MAGIC SCHOOL BUS RIDES AGAIN level 2 : ROCK MAN VS. WEATHER MAN
Written by Samantha Brooke, illustrated by Artful Doodlers Ltd.
Copyright © 2018 Scholastic Inc. Based on the television series THE MAGIC SCHOOL BUS: RIDES AGAIN © 2017 MSB Productions,
Inc. Based on The Magic School Bus® book series © Joanna Cole and Bruce Degen

THE MAGIC SCHOOL BUS RIDES AGAIN level 2 : GLACIER ADVENTURE
Written by Samantha Brooke, illustrated by Artful Doodlers Ltd.
Copyright © 2018 Scholastic Inc. Based on the television series THE MAGIC SCHOOL BUS: RIDES AGAIN © 2017 MSB Productions,
Inc. Based on The Magic School Bus® book series © Joanna Cole and Bruce Degen

All rights reserved.

Korean Translation Copyright © 2023 by BIR Publishing Co., Ltd.
This Korean translation edition is published by arrangement with Scholastic Inc., 557 Broadway, New York, NY 10012,
USA through KCC(Korea Copyright Center Inc.), Seoul.

이 책의 한국어판 저작권은 ㈜한국저작권센터(KCC)를 통해 저작권사와 독점 계약한 ㈜비룡소에 있습니다.
저작권법에 의해 한국 내에서 보호를 받는 저작물이므로 무단 전재와 무단 복제를 금합니다.
ISBN 978-89-491-5265-3 74840/ ISBN 978-89-491-5250-9(세트)